I0264083

8°Z
LE SENNE
9535

HISTOIRE
DU BATAILLON
DES JEUNES CITOYENS

*A l'attaque du Faubourg Antoine,
le 4 Prairial, 3.*

Par Louis COSTAZ, *Volontaire de ce Bataillon,
et Professeur de Mathématiques.*

A PARIS,

Chez DESENNE, Imprimeur-Libraire, au Palais-Égalité, nos. 1 et 2.

J'AI été occupé toute ma vie d'études littéraires, d'analyse mathématique et philosophique. Ces occupations n'engendrent pas communément l'enthousiasme militaire. J'ai fait sur moi, le 4 prairial, une expérience d'un nouveau genre : j'ai observé toutes les circonstances de la révolution qui s'opère dans un homme qui passe brusquement du silence et de la sécurité du cabinet au milieu du tumulte et du danger des combats.

Cette révolution a été accompagnée de sensations agréables, que ne peuvent imaginer les hommes qui ne se sont pas trouvés dans les mêmes circonstances.

Ma résolution de courir aux armes, le 3 prairial, fut soudaine et spontanée à peu près comme le mouvement de la paupière, pour défendre l'œil du sable transporté dans les airs : je trouve la raison de ce mouvement subit dans mes longues et profondes méditations sur les malheurs qui suivroient l'anéantissement de l'autorité légitime.

J'ai tiré de cet événement un résultat précieux ; c'est que les efforts nécessaires pour résister à l'oppression et au crime sont moins pénibles que ceux qu'il faut faire pour les supporter. J'ai acquis le sentiment de mes forces ; il me semble que mon être, même physique, s'est agrandi. Je n'ai jamais été atteint par la calomnie ; les succès incroyables qu'elle a obtenus depuis le commencement de la révolution me l'avoient fait redouter, aujourd'hui je la méprise ; je sais comment il faut la réprimer, soit qu'elle parte d'une tribune, soit qu'elle sorte d'une imprimerie.

Mes concitoyens soupçonneront aisément ma recette ; je les conseille de l'employer au besoin.

A 2

HISTOIRE DU BATAILLON DES JEUNES CITOYENS

A l'attaque du Faubourg Antoine, le 4 Prairial, 3e.

Je me promenois au Jardin Égalité, le 3 prairial, entre les 8 et 9 heures du soir. Le bruit se répandit dans les galeries que l'assassin du député Ferraud venoit d'être arraché à la main de la justice, comme on le conduisoit au supplice.

Je courus aux Tuileries, dans la résolution de me joindre aux citoyens que je présumois devoir se présenter pour la répression de cet attentat. La grande porte située à côté du comité de sûreté générale, qui avoit été fermée pendant toute la journée, étoit ouverte. Une voix invitoit les citoyens présens à entrer dans le palais pour recevoir les ordres des comités de la convention. Je me précipite vers la porte; je trouvai que les invitations partoient du citoyen Liebble, qui avoit été mon sergent-major, dans le temps que j'habitois la section de la Halle-au-Blé. Nous allons ensemble au jardin, sur la grande terrasse : nous y trouvons déjà beaucoup de citoyens, amenés par les mêmes motifs que nous ; beaucoup d'autres nous suivoient. Nous fûmes bientôt au nombre de quatre à cinq cents.

Des officiers sont désignés sur-le-champ ; nous nous plaçons sur trois rangs. J'avois à côté de moi Liebble, et Gelot, député à l'assemblée législative, par le département de la Côte-d'Or, que je voyois presque tous les jours.

Un des députés, chargé de la force armée, donna ordre, au dépôt des Feuillans, de nous délivrer des armes. J'avois souvent pensé que les préposés à la garde des magasins ne pouvoient se dispenser de prendre note des noms et demeures des citoyens qui recevroient des armes d'eux ; et que dans le cas où les événemens tourneroient en faveur des Jacobins, ces notes deviendroient des tables de proscription. J'avois résolu, par cette raison, de ne jamais m'armer dans les dépôts publics. Cette idée me revint, je la repoussai bien vîte, sentant qu'il n'y avoit pas à balancer entre les inconvéniens que je prévoyois et les malheurs qui résulteroient de l'impunité des crimes qui avoient été commis ce jour là et les précédens.

L'enthousiasme régnoit dans notre troupe. Le sentiment commun qui nous avoit conduit là garantissoit le courage et l'honnêteté de chacun. Quoique nous ne nous fussions jamais vus, pour la plupart, nous nous regardions comme des amis, comme de vieilles connoissances : il nous sembloit que nous venions du même pays, que nous avions été élevés ensemble, dans le respect des lois, l'amour de la justice et la haine de la violence. Nous formions comme un bataillon sacré ; résolus, ainsi que les jeunes Thébains, de mourir les uns pour les autres.

Je dis à ceux qui étoient le plus près de moi : *Mes amis, jamais plus belle occasion ne fut offerte : nous allons venger les lois, rétablir la morale et acquérir de l'honneur.* Ces sentimens étoient dans tous les cœurs ; ceux d'une brutale colère en étoient absens.

On récitoit dans les rangs ces beaux vers de Mithridate :

Marchons, et dans son sein, rejettons cette guerre
Que sa fureur envoie aux deux bouts de la terre :
Attaquons dans leurs murs ces conquérans si fiers.
Qu'ils tremblent, à leur tour, pour leurs propres foyers !

Nous nous mîmes en marche vers les trois heures du matin. Nous étions conduits par le général Kilmaine ; un détachement de cavalerie légère à la tête de la colonne, un autre sur les derrières. Un bataillon d'infanterie, pris dans les sections, s'étoit joint à nous. Nous avions deux pièces de canon.

Notre marche fut le long de la rivière : les quais étoient bordés de figures affreuses, d'hommes et de femmes, qui grinçoient des dents. Nous marchions par pelotons, dans la tenue la plus sévère, attentifs à la voix de nos chefs, et observant un silence profond.

Arrivés à la place de Grève nous évitâmes l'arcade : nous enfilâmes la rue qui fait face à la rivière, et prenant par les rues collatérales, nous nous trouvâmes dans la rue Saint-Antoine, à la hauteur de Saint-Gervais.

Il étoit près de cinq heures quand nous arrivâmes dans le faubourg : nous n'avions ni tambours, ni trompettes ; nos pelotons étoient en bon ordre, les rangs bien serrés, bien alignés ; nos mouvemens étoient réguliers ; nos pieds tomboient exactement ensemble ; les commandemens militaires seuls se faisoient entendre ; les voix tonnantes de nos chefs retentissoient au loin dans le faubourg. La lumière du soleil levant venoit se réfléter sur les canons de nos fusils, dont les balancemens alternatifs la dispersoient dans tous les sens. Des hommes, des femmes, placés des deux côtés de la rue, serrés contre les murs, sembloient redouter de nous approcher. Tous les signes d'une profonde terreur étoient sur les visages.

Quelques voix disoient : *comme ils marchent bien !* Des coquins qui vouloient aigrir les esprits répliquoient : *ce sont les grenadiers de Lafayette ; voyez s'il y a une pique !* Les jeunes femmes étoient pour nous, elles répétoient : *oh ! les beaux jeunes gens !* en effet, nous en avions de beaux comme l'amour.

On remarqua beaucoup les lunettes que je porte, pour suppléer à l'imperfection de ma vue.

Notre tête arriva vers les cinq heures et demie près la barrière du Trône. Nous fîmes halte; nous nous assîmes par terre et nous mangeâmes tranquillement quelques provisions que nous nous étions procurées. A côté de moi on acheta un panier de petites raves ; la femme en demanda cent sous, on lui donna vingt francs. Une conduite semblable eut lieu à peu près sur tous les points de la ligne : elle nous concilia beaucoup de partisans, et les femmes disoient que nous valions mieux *que ces gueux de jacobins.*

Après une heure et demie de halte, nous nous mettons en mouvement pour quitter le faubourg. La marche étoit en colonne renversée. Notre dernier peloton arrivé à la hauteur du corps-de-garde de la section Montreuil, aperçoit que l'on préparoit les canons pour nous tirer dessus. Le peloton s'élance, charge les canonniers, les chasse dans le corps-de-garde où il les désarme, et leur enlève les canons.

Alors des hommes furieux, armés de piques, de sabres et de fusils, sortent de leurs maisons en poussant des rugissemens, accompagnés de menaces et de provocations au combat. Nous

nous mettons en bataille; l'arme portée, nos officiers se détachent de nous, vont paisiblement désarmer une centaine de mutins et les forcent de rentrer chez eux.

Nous continuons notre marche; on avoit barricadé en deux endroits, près la rue Charonne, et au bout le plus près de la ville; notre position devenoit difficile et dangereuse. Les esprits fermentoient; le député qui nous accompagnoit crut les calmer en faisant rendre les canons: il ne fit qu'augmenter leur audace. La rage et conséquemment un peu de trouble, étoient dans nos rangs. Nos camarades ne cédèrent les pièces qu'après les avoir enclouées, et avoir cassé la roue d'un des affûts.

Cependant le trouble augmentoit dans la colonne, sur-tout vers les points des barricades. On crioit de tous côtés: à bas les bayonnettes; quelques-uns, mais rares, eurent la foiblesse d'obtempérer. Un furieux, hissé sur une charette, poussoit le même cri et tendoit la main pour saisir la mienne; je lui lançai un regard sévère, et me mis dans la disposition d'apprêter mon arme; il pâlit et retira sa main.

Gelot, dont j'ai déjà parlé, étoit à côté de moi, il fut couché en joue; il me dit: *voilà un homme qui me couche en joue; mais le coquin m'ajuste mal.* Il le coucha en joue à son tour; l'autre retira son fusil.

Cependant nous continuions à opérer des désarmemens; l'ordre se rétablissoit dans la colonne: nous mîmes en marche par le boulevard.

Vis-à-vis la rue Saint-Gilles, du côté du parapet, nous aperçûmes des hommes qui méditoient une attaque; nous les désarmâmes et nous continuâmes notre marche. A la porte Saint-Martin, nous trouvâmes un grand rassemblement de femmes dans un état de fureur convulsive ; elles nous dirent quelques injures. Nous affectâmes l'insensibilité la plus profonde. Nous fûmes nous reposer au boulevard poissonnière.

Nous avions donc enfin porté l'effroi dans ce faubourg qui s'étoit arrogé le droit de dicter des lois à la république françoise, et dont les secousses irrégulières ébranlent et scandalisent l'Europe depuis cinq ans. Nous étions sûrs de le vaincre désormais quand nous voudrions.

Beaucoup d'entre nous n'avoient rien pris depuis leur dîner de la veille, il étoit dix heures ; nous avions passé la nuit dans le mouvement ; nous avions un besoin extrême de rafraîchissemens et de nourriture : la nature physique défailloit en moi et dans beaucoup de mes camarades.

Les cafés ne nous offroient que la ressource de quelques bouteilles de bierre ou des bavaroises ; ils manquoient de pain.

Nos capitaines reçurent ordre de nous conduire chez les restaurateurs les plus voisins : nous fûmes chez Roze, rue Grange-Batelière.

Notre dîner fut de bon appétit, court et frugal ; on nous servit d'excellent vin, une bouteille pour deux : j'étois de moitié avec le citoyen Patris, de la section de l'Observatoire, ancien instituteur, qui étoit accouru avec une médecine dans l'estomac. Je remarquai, après le repas, qu'aucune bouteille n'avoit été vidée. Cette circonstance donne la mesure de la sobriété de nos camarades et de la bonne éducation qu'ils ont reçue.

Il étoit difficile, en effet, de dîner en meilleure compagnie : tous jeunes gens pétillant d'esprit, ornés de connoissances positives, et décens comme des vierges. Chaste Clémentine ! ta pudeur n'eût point été alarmée au milieu de ces jeunes guerriers; nul autre incarnat que celui de la santé n'eût coloré ton timide visage!

Nous nous rendons au lieu du rassemblement, nous apprenons que la convention vient de déclarer le faubourg en état de rébellion, et que nous allons former l'avant-garde de l'attaque; nous faisons toutes nos dispositions pour partir. La marche commence à quatre heures.

A la porte Saint-Martin nous trouvons encore le rassemblement du matin et les mêmes dispositions d'esprit.

Sur le boulevard du Temple, les citoyens paroissoient pénétrés de la gravité de la circonstance où se trouvoit la patrie, leur contenance avoient un caractère imposant de mélancolie, et leurs regards affectueux annonçoient que nous emportions leurs vœux.

Après qu'on a dépassé la vieille rue du Temple, on trouve plusieurs petites rues qui aboutissent de la ville sur le boulevard. Leurs embouchures étoient garnies de spectateurs, parmi lesquels se trouvoient beaucoup de jeunes citoyens dont l'extérieur annonçoit l'aisance; ils nous regardoient apathiquement défiler : un de nos officiers généraux fut indigné de cette lâcheté, il s'approcha d'eux et leur dit :

CITOYENS, vous demeurez spectateurs tranquilles! Croyez-vous qu'il s'agisse d'une représentation d'opéra? vous n'êtes donc pas intéressés à l'établissement de l'ordre? Retirez-vous, ou je vous fais mettre des jaquettes.

A peu près au même endroit, deux hommes qui se portoient en armes vers le faubourg, et qui lâchoient de temps à autre contre les *muscadins* des plaisanteries de cabaret, furent désarmés et mis sous la garde d'un chasseur à cheval.

Les chasseurs à cheval du vingt-unième régiment et les dragons du troisième alloient à la découverte, avec beaucoup d'ordre et de courage.

On m'a raconté qu'un de ces jeunes chasseurs, placé en vedette, fut abordé par une femme qui vouloit le gagner aux rebelles. Elle lui adressa cinq à six fois la parole, sans obtenir de réponse; elle ajouta : *Comment ! tu es jeune et français, et tu refuses de parler à une femme ? Quand je suis de service, je ne parle qu'avec mon sabre*, répondit-il ; *retirez-vous.*

Nous quittâmes le boulevard, pour enfiler la rue Saint-Gilles, qui nous conduisit à celle des Tournelles ; nous quittâmes celle-ci, nous prîmes par la place de l'Indivisibilité, et nous nous disposâmes à déboucher dans la rue Saint-Antoine, par la rue de l'Indivisibilité.

Nous fîmes, dans cette dernière rue, une halte assez prolongée : nous avions bien les vœux de ses habitans ; ils nous regardoient de leurs fenêtres avec complaisance, et s'empressoient de nous apporter de l'eau, au moindre de nos signes. Nous marchions pas à pas, à mesure que les reconnoissances se faisoient ; nous débouchons enfin dans la rue, et nous arrêtons à la hauteur du corps de garde de pompiers, que l'on trouve avant d'arriver à la Bastille.

Nous avions à notre gauche, vis-à-vis la rue des Tournelles, un canon, servi par les canonniers de la convention, qui ont montré beaucoup de fidélité, de sang froid et de courage ; à notre droite, un piquet de cavalerie placé très-près de ces petites maisons qui ont survécu à la démolition de la Bastille : les embouchures de toutes les rues adjacentes étoient gardées par nos détachemens. On donna l'ordre de fermer toutes les fenêtres. Une femme placée derrière une jalousie, haranguoit le piquet de cavalerie dont j'ai parlé, il n'y a qu'un moment; on lui fit dire que si elle ne fermoit pas sa fenêtre, on lui tireroit un coup de fusil: elle se retira.

Sur ces entrefaites, le commandant de notre bataillon vint annoncer tout bas, dans chaque peloton, de se tenir prêts; que probablement nous allions *faire un coup*. J'observai avec attention quel effet cette annonce produisoit sur des jeunes gens de seize à dix-sept ans, qui étoient à côté de moi; leur contenance étoit simple, calme et ferme, les roses étoient sur leurs joues.

Une demi-heure après, on vint annoncer que la sommation avoit été faite aux rebelles; qu'ils avoient consenti à rendre l'assassin du député Ferraud; mais qu'ils demandoient du temps pour la remise de leurs armes. Nous ne doutâmes point que leur entière soumission ne fût très-prochaine; elle fut en effet annoncée quelque temps après.

Alors un beau mouvement moral se manifesta dans nos pelotons. *Mes amis, respectons les vaincus*, se disoit-on; *pas le moindre mot, pas le moindre geste qui annonce la haine ou le mépris: abstenons-nous de tout ce qui est étranger au service.* On s'en donna la parole; elle a été rigoureusement tenue.

O jeunesse généreuse! et vous, vieux philosophes qui vous étiez mêlés avec elle, pour résister au principe du mal qui menaçoit d'envahir le monde et d'y établir son empire, vous m'avez reconcilié avec l'espèce humaine, que deux ans de crimes et de lâchetés m'avoient fait haïr et mépriser: mon cœur a été en contact avec les vôtres, et j'ai appris à estimer les hommes. Nous avons vécu, pendant trente heures, dans un état de dévouement commun: nous nous étions placés dans une région supérieure aux sensations vulgaires; le beau et le grand avoient seuls le pouvoir de nous affecter : nous voyions tout le reste au-dessous de nous : nous avions oublié qu'il existât une douleur physique ; nous ne songions qu'à la morale outragée et à la victoire. Nous savions bien que si nous étions vaincus, nos têtes seroient mises au haut de piques, et nous avancions avec joie, soutenus par le sentiment de la justice de notre cause, et pleins de confiance les uns dans les autres. Votre mouvement généreux a électrisé tous vos concitoyens, a retenu la masse des indifférens, qui chanceloit déjà : vous avez véritablement eu l'initiative du salut de la patrie. J'ai lu dans votre cœur, pendant trente heures d'épanouissement ; j'y ai trouvé la morale, la liberté, l'amour de la patrie gravés en caractères ineffaçables. Non, je ne crains plus le rétablissement, dans notre patrie, d'un pouvoir absolu : quelle que soit la main qui le présente, le coupable sera bientôt frappé par vous.

J'avois dans mon peloton, deux membres de l'assemblée législative, Gelot, dont j'ai déjà parlé et N...... du Bas-Rhin, qui est une des têtes les plus abondantes en idées philosophiques que je connoisse.

Quand la victoire fut assurée et qu'il fut possible de déroger un peu à la loi d'un rigoureux silence, je luis dis : *ce sont pourtant les Girondins qui ont créé les rebelles qui vouloient les assassiner aujourd'hui, et que nous venons de soumettre. Ils furent évoqués des caves pour porter Brissot à l'assemblée législative, et Manuel au parquet de la commune ; ils furent armés de piques par Carra ; c'est Gorsas qui, le premier, tenta d'avilir la dénomination d'honnêtes gens.* Il me répondit : *je pouvois me tenir à l'écart : les Girondins ont sept fois violé en moi la liberté des opinions, en faisant imprimer des appels nominaux, qu'ils savoient* bien être des tables de proscription ; cependant je suis venu, et je mettrai mon corps entr'eux et les assassins. J'ajoutai : *leurs chefs sont morts avec grandeur, leur mort fut un crime épouvantable ; mais ils appartiennent à la postérité, et nous avons le droit de juger leur vie.*

C'est une faction de rhéteurs, qui a regardé la révolution comme un sujet d'amplifications ; et véritablement elle en a fait d'assez belles : ils ont cru, d'après cela, avoir le talent de gouverner ; ils n'y entendoient rien ; ma preuve, c'est qu'il y a eu anarchie dans l'état à toutes les époques de leur influence. Marat les calomnioit étrangement, en les appelant les hommes d'état : témoin leur conduite dans le Calvados.

On nous donna ordre d'avancer dans le faubourg, nous y marchâmes en colonne, et nous fûmes nous ranger en bataille, ayant derrière nous la maison de Beaumarchais.

Quelques hommes s'approchoient de nous, en criant vive la Convention ! Nous ne répondions pas, la discipline nous le défendoit ; et de plus, ce cri étoit celui de la victoire, dont nous ne voulions pas nous prévaloir.

Après que les canons du faubourg eurent défilés devant notre front, nous nous mîmes en marche pour rentrer dans Paris.

La rue Saint-Antoine, toutes les autres, ainsi que les quais, jusqu'aux Tuileries, étoient garnies d'une foule innombrable de peuple, qui laissoit à peine l'espace nécessaire à notre colonne pour défiler : nous marchions sur deux rangs. Nous étions comblés des bénédictions de ces citoyens que nous venions de délivrer : des femmes prenoient nos mains, et malgré nous, les baisoient et les arrosoient de pleurs. La canaille, que l'on reconnoissoit aisément à la discordance et à l'éclat de sa voix, applaudissoit avec fureur à notre victoire ; mais elle eût applaudi avec la même fureur à notre défaite. Nous, nous gardions nos rangs et le silence.

Nous entendions répéter avec attendrissement : *ils n'ont pas fait couler une goutte de sang ; si les jacobins avoient eu le dessus, les rues en seroient baignées.* D'autres disoient : *les jacobins les accusent d'être royalistes ; voyez s'ils demandent un roi.* Des femmes du peuple : *mes amis, on vous appelle muscadins ; vous avez raison de vous bien mettre, puisque vous avez de quoi.*

Le peuple donna à cette marche, une forme vraiment triomphale : jamais des sensations plus douces ne vinrent assiéger mon cœur. Non, ce ne seroit pas payer trop cher les trente heures de ravissement que notre dévouement nous a procurées, que de les échanger contre trente années de sa vie.

Oh! qu'ils lisoient bien dans nos cœurs, ceux qui nous félicitoient de n'avoir point versé le sang! Ils nous donnoient le prix de toutes nos fatigues. Le peuple paroît avoir profondément médité sur cette circonstance de notre victoire ; puisse-t-il profiter de cette leçon, et substituer une morale plus douce à la morale atroce que les factions lui ont donnée depuis cinq ans!

La République a été réellement fondée le 4 prairial : cet événement lui conciliera des millions de Français qui n'avoient vu dans notre état, depuis deux ans, que le gouvernement turc, dont les chefs des factions qui se sont succédées, étoient les sultans, et les faubourgs les janissaires.

Cet événement brise l'instrument de la révolte et des factions; il tue la morale jacobine, qui étoit encore toute entière dans l'esprit du peuple, quoique le peuple criât à bas les jacobins! Cette morale existe dans bien des têtes qui ne s'en doutent pas; et j'ai vu, le 5 prairial, applaudir avec transport une adresse anti-jacobine, dont toutes les phrases pourroient être retrouvées dans le procès-verbal de la société mère.

Notre bataillon a toujours été commandé par le citoyen Joannot, capitaine au quatorzième bataillon d'infanterie légère ; notre compagnie, par le citoyen Dubouchet, qui a fait la guerre en Amérique. Le matin, notre peloton étoit commandé par le citoyen Couvreur de Lille ; le soir, par le citoyen Chevalier, de Paris. Ces citoyens nous ont conduits avec toute la bravoure et l'intelligence imaginables. Ils ont réellement bien mérité de la patrie.

P. S. Le député Vernier, du Jura, président de la Convention nationale, nous a accompagnés partout ; sa sagesse, son extérieur patriarchal, et au besoin, ses pistolets en imposoient singulièrement aux rebelles.

www.ingramcontent.com/pod-product-compliance
Lightning Source LLC
Chambersburg PA
CBHW060933050426
42453CB00010B/1999